1
2
3
4
5
6
7
8
9
10
11
12
13
14
15

1
2
3
4
5
6
7
8
9
10
11
12
13
14
15
16
17
18
19
20
21
22
23
24
25
26
27
28
29
30

1
2
3
4
5
6
7
8
9
10

1
2
3
4
5
6
7
8
9
10
11
12
13
14
15
16
17
18
19
20

1
2
3
4
5
6
7
8
9
10
11
12
13
14
15
16
17
18
19
20
21
22
23
24
25

1
2
3
4
5
6
7
8
9
10
11
12
13
14
15
16
17
18
19
20

1
2
3
4
5
6
7
8
9
10
11
12
13
14
15
16
17
18
19
20
21
22
23
24
25
26
27
28
29
30
31
32
33
34
35
36
37
38
39
40

1
2
3
4
5
6
7
8
9
10
11
12
13
14
15
16
17
18
19
20
21
22
23
24
25

1
2
3
4
5
6
7
8
9
10
11
12
13
14
15
16
17
18
19
20
21
23
24
25

1
2
3
4
5
6
7
8
9
10
11
12
13
14
15
16
17
18
19
20
21
22
23
24
25
26
27
28
29
30

1
2
3
4
5
6
7
8
9
10
11
12
13
14
15
16
17
18
19
20
21
22
23
24
25

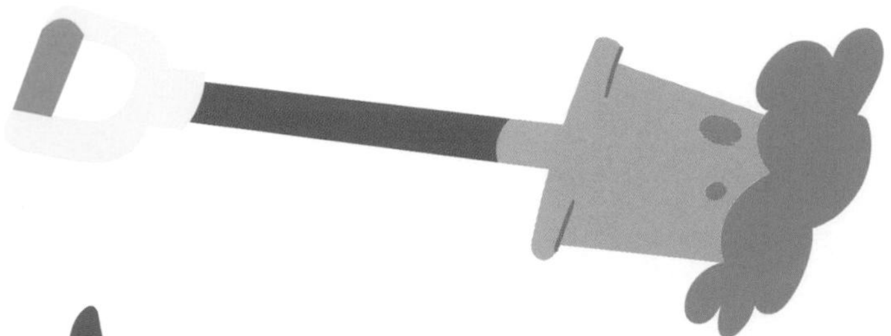

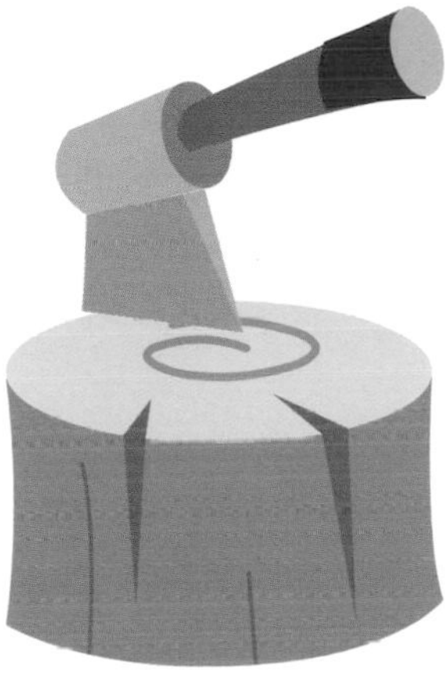

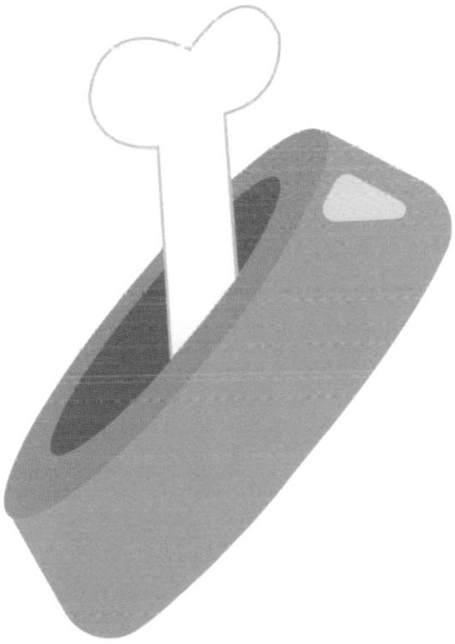

1
2
3
4
5
6
7
8
9
10
11
12
13
14
15

1
15
2
14
5
11
3
13
4
12
6
7
8
9
10

11
9
10
12
13
8
14
7
15
6
16
5
4
17
18
3
2
1
20
19

1
15
2
14
3
4
13
5
12
11
6
10
9
7
8

1
2
3
4
5
6
7
8
9
10
11
12
13
14
15

1
2
3
4
5
6
7
8
9
10
11
12
13
14
15
16
17
18
19
20
21
22
23
24
25
26
27
28
29
30
31
32
33
34
35

1
2
3
4
5
6
7
8
9
10
11
12
13
14
15

1
25
2
24
3
23
4
22
8
17
18
5
9
21
7
19
6
20
10
16
11
15
12
14
13

1
2
3
4
5
6
7
8
9
10
11
12
13
14
15
16
17
18
19
20
21
22
23
24
25
26
27
28
29
30
31
32
33
34
35

1
2
3
4
5
6
7
8
9
10
11
12
13
14
15
16
17
18
19
20
21
22
23
24
25
26
27
28
29
30

1
2
3
4
5
6
7
8
9
10
11
12
13
14
15
16
17
18
19
20
21
22
23
24
25
26
27
28
29
30
31
32
33
34
35

1
2
3
4
5
6
7
8
9
10
11
12
13
14
15
16
17
18
19
20
21
22
23
24
25
26
27
28
29
30
31
32
33
34
35
36
37
38
39
40